Le bal des Zombis 1

ILLUSTRATIONS : GÉRALDINE CHARETTE

Dominique et compagnie

Les personnages

Louis
Catherine
Henri
Emma

CHAPITRE 1

Un bon film d'horreur

Je m'appelle Emma.

J'ai dix ans, presque onze et je suis l'aînée de la famille Millette. Mon petit frère Alphonse a cinq ans et, entre nous deux, il y a les jumeaux,

Lily et Henri. Nous avons un chien, Wifi. Dans la grange, nous gardons trois chats, plusieurs poules, une chèvre, des lapins et même un alpaga, Gédéon.

Il y a deux ans, nous avons emménagé dans une grande maison isolée sur la colline qui surplombe le village de Champ-Fleuri.

Ma mère enseigne à l'école primaire et mon père est

le vétérinaire de la région. J'aime beaucoup l'accompagner quand il va aider une vache à mettre au monde son bébé, ou l'assister quand il soigne un cheval.

Nous passons beaucoup de temps dehors, avec nos animaux. Gédéon est très affectueux et j'aime caresser sa laine toute douce. Les jumeaux préfèrent les lapins et Alphonse s'amuse avec la chèvre. Le samedi matin, c'est à qui sera réveillé le premier pour aller ramasser les bons œufs frais que les poules ont pondus et que nous mangeons au petit déjeuner.

Chez nous, les soirées sont toujours intéressantes. Nous pouvons choisir de regarder la télévision ou de jouer à un jeu de société en famille sur la table de la cuisine. Parfois, tous les six, nous allons marcher au bord de la rivière pour cueillir des quenouilles, notre chien Wifi sur les talons. Ou bien, nous sortons observer les étoiles en faisant griller des guimauves sur un feu de camp.

Mais les meilleures soirées, ce sont celles que je passe avec mon père, blottie contre lui sur le divan du salon, devant un bon film d'horreur. J'adore quand l'action devient intense et qu'on sursaute de peur! On rit ensemble de nos réactions et je me colle encore plus contre lui.

C'est ainsi qu'un soir de novembre, une drôle d'aventure a débuté…

CHAPITRE 2

Un véritable manoir hanté!

Ce soir-là, après un excellent film d'horreur intitulé *Le bal des zombis*, mon père s'est tourné vers moi. Il m'a regardée d'un air coquin et m'a lancé, entre deux bouchées de popcorn :

– Que dirais-tu d'organiser une soirée d'horreur, Emma ? Comme les jumeaux étaient malades le 31 octobre, nous n'avons pas vraiment pu fêter l'Halloween. On devrait se reprendre et donner un bal…

– Un bal ? Ici ? ai-je demandé, étonnée.

– Nous avons l'espace nécessaire puisque le salon

est assez grand pour que nous puissions y danser, et j'ai déjà des idées de décoration à faire frémir…

– À quoi penses-tu exactement, papa ?

– On va faire le bal des zombis ! Prépare-toi à t'amuser, Emma ! a-t-il simplement répondu, mystérieux.

Sans perdre une minute, nous avons commencé

à organiser l'événement. Une fois la date choisie, mon père m'a chargée d'imaginer un buffet sur le thème des morts-vivants. Il a demandé à maman de faire un gâteau spécial pour l'occasion. Puis, il s'est précipité dans son atelier pour commencer à travailler sur son projet.

***

Le lendemain matin, en arrivant dans la cuisine, j'ai annoncé la bonne nouvelle à mes frères et à ma sœur. Les jumeaux ont été immédiatement emballés. Henri, qui adore les fêtes, a proposé d'organiser des jeux pour l'occasion. Lily a déclaré :

– Mamie Mimi a gardé plein de vieux vêtements qui nous seront utiles pour les déguisements !

Ma sœur a abandonné sa compote de pommes, faite avec les fruits de notre verger (les plus savoureuses du monde ! disait papa, qui les cultivait avec amour) pour bondir sur le téléphone afin d'appeler notre grand-mère.

Alors que les jumeaux rêvaient déjà à voix haute de la fabuleuse soirée, mon petit frère, lui, boudait

dans son coin, la tête de Wifi posée sur ses genoux.

– Qu'est-ce qu'il y a, Alphonse ? ai-je demandé en allant m'asseoir près de lui.

– Les parents vont encore m'envoyer me coucher à huit heures et vous allez faire la fête sans moi. C'est pas juste ! Pourquoi je suis le plus petit, hein ?

J'ai caressé les cheveux d'Alphonse pour le réconforter.

– Ne t'en fais pas. On va leur demander de faire une exception pour cette soirée.

– Tu crois qu'ils seront d'accord, Emma ?

– Pour une fois, je pense que nous arriverons à les convaincre, l'ai-je rassuré.

– Génial !

– Wouf ! a jappé Wifi.

Maman était installée à la table du salon avec ses crayons de couleur. Je suis allée voir ce qu'elle dessinait. Il s'agissait d'une reproduction de notre maison, mais en version effrayante.

Wow!

– C'est une maison hantée à la vanille et à la crème au beurre de chocolat, m'a-t-elle expliqué. Pas facile à faire, mais cette pièce montée donnera le ton à la soirée. Emma, tu pourras m'aider à orner le gâteau quand j'aurai fini de mettre le glaçage ?

– Oh oui, maman ! me suis-je exclamée. Il va être superbe au centre du salon ! Papa pourra même lui installer un éclairage spécial. Je vais faire les araignées et les fantômes quand le fondant sera prêt.

Comme ma mère est enseignante, elle fait beaucoup de bricolage avec ses élèves et elle a toujours une idée originale sous la main. C'est elle qui nous a transmis cette passion pour la fête et qui m'a appris à fabriquer des figurines avec un mélange à base de sucre.

Et cette fête-ci serait une vraie réussite à en juger par l'allure que prenait notre maisonnée !

CHAPITRE 3

La famille Zombinouille

Mamie Mimi, qui a déjà eu une friperie, est venue nous porter de vieilles robes d'époque, des pantalons aux bords déchirés ou en satin bouffant, des jupons, des crinolines que nous avons coupées, ainsi que des chapeaux de tous les styles. Henri, lui, nous a fourni des accessoires plus terrifiants les uns que les autres. À chaque Halloween, il s'en procurait de nouveaux. Alors, il possédait déjà une belle collection de mains coupées, d'yeux et de crochets.

Aussitôt, on a fait une séance d'essayage

mémorable en famille. Nous nous battions pour un doigt en plastique, un dentier en caoutchouc ou une cicatrice à coller sur notre visage. On s'est transformés en monstres assoiffés de sang. Henri était le plus épeurant de tous. Il marchait vers nous en marmonnant des sons étranges : *Tss !... Slurp !... Groarrr !... Tchhop !* Même si nous savions qui se cachait derrière son déguisement, nous avions peur de lui. Surtout Wifi, qui s'est mis à grogner!

Pour une fois, Alphonse serait à la hauteur de la situation, puisque papa lui avait fabriqué des échasses pour être aussi grand que Lily. Comme il était fier en se promenant parmi nous! Il n'était plus le plus petit. Enfin!

Lors d'un bal, il faut danser! Nous avons donc imaginé des chorégraphies aussi amusantes qu'effrayantes. Nous avancions en ligne, les bras en avant, les yeux exorbités, la langue pendante. Nous faisions des mouvements saccadés, puis nous tournions sur nous-mêmes comme si nous nous étions égarés dans notre propre salon.

Nous nous sommes baptisés « La famille Zombinouille ».

***

Maman progressait dans la confection de son gâteau et papa nous interdisait l'entrée de son atelier, mais sinon, notre vie avait repris son cours normal. Nous parlions beaucoup moins de la fête. Tout en me préparant pour la fin d'étape, je devais aider mes frères et ma sœur à réviser en vue de la période d'examens qui approchait à grands pas.

Quand j'ai eu un peu de temps, je suis allée fabriquer les éléments décoratifs à ajouter au dessert qu'avait préparé maman. J'ai modelé de petits fantômes et des araignées qui grimpaient le long de la maison en sucre. Ensuite, j'ai sculpté un crâne et des yeux qui allaient joncher le faux jardin. J'étais fière de mon œuvre et maman m'encourageait en riant.

La veille du fameux bal, ma mère a allumé un beau feu dans la cheminée de la salle familiale. Elle a baissé les lumières. C'était un de ces soirs magiques où papa nous invitait à le rejoindre pour qu'il nous raconte une histoire. Il s'est assis dans un grand fauteuil élimé, et nous nous sommes installés à ses pieds. Alphonse, déjà en pyjama, s'est collé sur moi, à ma droite, pendant que Wifi s'étendait confortablement à ma gauche.

Maman a apporté des biscuits en forme de tête de mort ainsi qu'un grand pichet de chocolat bien chaud. Nous étions prêts à tout…

CHAPITRE 4

Sfishhhh... Kaboummmm! Banggggg... Baboummmmmm!

Papa a pris un air sérieux. Il s'est penché comme s'il voulait nous faire une confidence.

– Un jour, quand j'étais un petit garçon haut comme trois pommes et qu'il me manquait les deux dents de devant, j'ai sauvé un zombi de la noyade.

– Quoi ? Un vrai de vrai zombi ?

– Oui, Alphonse. J'étais si près de lui que j'aurais pu lui retirer les vers du nez.

Nous avons tous gémi et grimacé de dégoût. Henri

a fait semblant de retirer
des vers du nez de Lily, ce qui
lui a valu des regards de travers.
– Je continue ou vous voulez
que j'arrête ? a demandé
papa.
– Continuuuuuue ! avons-nous
répondu en chœur.
– Alors, près de ma maison,
il y avait une rivière large
comme une autoroute.
Un pont de bois l'enjambait,
permettant d'aller au village

sans faire de détour par la route. C'était le printemps. Souvent, en cette saison, la rivière sortait de son lit et inondait les terres alentour. Je revenais de chez un ami avec lequel je bricolais depuis quelque temps. C'était un soir de pleine lune, mais elle se cachait derrière des nuages de plus en plus épais. *Houuuuhouuu* faisait le vent. *Houuuuhouuu. Braoum!*

Braoum ! Braoum ! grondait le tonnerre au loin.

– Oh non ! Pas un orage ! s'est écriée ma mère, qui avait une peur bleue des éclairs.

– Eh oui, Catherine chérie… et il allait bientôt éclater, a continué mon père d'un ton grave. Je voulais retourner rapidement à la maison, mais je traînais avec moi une partie du bricolage que mon ami et moi étions en train de fabriquer : la rampe de lancement de la machine à voyager dans le temps.

– La machine à voyager dans le temps…, a répété Lily, impressionnée.

– Oui, une merveille que nous étions d'ailleurs à deux doigts de réussir. Bon… alors, je ne pouvais pas aller vite, car la rampe était très longue et très lourde. J'ai vu le premier éclair zébrer le ciel… et

baboummmmmmm!
le roulement terrible du tonnerre qui s'approchait. Il fallait que je me mette à l'abri.

– Pas sous un arbre! s'est écriée maman.

– Pourquoi pas sous un arbre, maman?

– Parce que si la foudre frappe l'arbre, Alphonse, l'électricité peut descendre le long du tronc et t'électrocuter, ou bien l'arbre peut tomber, ai-je répondu rapidement pour que papa puisse continuer.

– Bon... Emma-je-sais-toujours-tout attaque encore, a lancé Henri en levant les yeux au ciel.

– C'est pourquoi je cherchais une maison, une grange, un endroit où je pourrais attendre que l'orage se calme. J'ai soudain pensé au pont. Si je me glissais dessous, je serais bien protégé.

– Sauf si la rivière débordait, ai-je précisé.

– Emma, on sait que tu sais tout... ok? a encore grogné Henri.

– Elle a raison, a protesté Lily.

– Bon, qui vole à la défense d'Emma?

– Lily! a lancé Alphonse trop content de connaître la réponse.

– Wouf! Wouf! a aboyé Wifi. Wouf! Wouf!

– Chutttt ! a soufflé Lily. Alors, papa ? Tu es allé sous le pont ?
– Oui, je me suis installé sous sa voûte, les jambes relevées contre ma poitrine pour ne pas toucher l'eau.
– C'est là que tu as vu le zombi ? l'ai-je questionné, impatiente de connaître la suite.
– Exactement, a continué papa. J'étais assis depuis quelques minutes, les éclairs

striaient le ciel et le tonnerre secouait la terre autour de moi. La pluie était si dense qu'en tombant sur le pont, elle faisait un bruit assourdissant. Je ne voyais plus rien au-delà des limites de la structure qui me protégeait.

– Plus rien ? a murmuré Alphonse.

Mon père a hoché la tête et a ajouté :

– Je tenais fermement
ma rampe de lancement
et j'avoue… oui, j'avoue
que j'avais un petit peu peur
de l'orage.
– *Sfishhhh… Kaboummmm!*
Bangggg…
Baboummmmmm!
a hurlé Henri.

Au même moment, il y a eu
un gros coup dans la fenêtre.
Nous nous sommes tous
retournés. C'était Gédéon

qui nous observait et qui venait de frapper son museau dans la vitre.

– AHHHH ! a crié maman, sursautant de peur en voyant sa drôle de tête.

Elle était blanche comme un drap. Papa nous a fait signe d'attendre quelques minutes. Il s'est levé et a versé une tasse de chocolat fumant qu'il a tendue à notre mère pour la réconforter.

CHAPITRE 5

Plouf!

Papa a à peine eu le temps de se rasseoir sur son fauteuil élimé que les questions fusaient de partout.

– Et le zombi? Il arrive quand? Vite, continue! Wouf! Wouf! On attend, nous, lançaient mes frères et ma sœur, sans oublier Wifi qui jappait.

– Tu étais sous le pont…, ai-je ajouté pour que mon père retrouve le fil de son récit.

– Ah oui ! sous le pont… Le zombi approchait, mais avec tout ce bruit, je ne pouvais pas l'entendre. Cependant, mon odorat a capté une odeur étrange…

Mon père fit semblant de renifler.

– Ouach ! Ouach ! C'était une véritable puanteur qui me remplissait le nez, m'empêchant presque de respirer. Ça sentait le fond de poubelle, combiné à un pet de géant et à un parfum de ténèbres. Je cherchais d'où cette horrible odeur pouvait bien provenir. Quelque chose pourrissait sous le pont ? Non, ce n'était pas à côté de moi…

c'était au-dessus. La pluie se calmait légèrement. J'ai alors osé étirer le cou pour voir si un animal était dans les parages. C'est là que je l'ai vu !!! Ahhhhh !

Son hurlement nous a tous fait sursauter d'un coup. Après avoir crié à notre tour à pleins poumons, on a eu le fou rire. Papa a attendu qu'on se calme pour poursuivre son récit.

– Ah, vous riez, les Zombinouille ? On voit bien que vous n'étiez pas dehors en ce soir d'orage. Sinon, vous en trembleriez encore ! Le zombi avait dû sentir ma présence. Quand j'ai levé la tête, il était là, penché par-dessus le parapet du pont, juste là… à quelques centimètres de moi.

Son haleine sentait la vieille chaussette de mammouth

moisie. Pouah ! Et qu'avait-il sur son nez ? a demandé papa.

Nous ne savions pas quoi répondre.

– Des trous laissés par des vers qui gigotaient encore !!! a-t-il lancé. En plus, ses yeux tout blancs, sans paupières, me fixaient.

Nous retenions notre souffle.

– Comme tu as dû avoir peur, mon Louis chéri, a soufflé maman gentiment.
– Oh que oui ! Aucun son ne pouvait sortir de ma bouche, j'étais trop terrifié. J'aurais voulu hurler, appeler à l'aide, mais je restais muet. C'est alors qu'un éclair interminable a traversé le firmament, éclairant tout comme si nous assistions à la fin du monde. Le zombi a regardé le ciel

en émettant un son bizarre. Ensuite, le tonnerre a secoué le sol, le mort-vivant a titubé en se bouchant les oreilles et il est tombé à l'eau. Plouf!

– Plouf? a répété Henri.

– Eh oui. Il a tellement eu peur qu'il en a perdu pied. Imaginez un zombi dans l'eau. Il paniquait, il se débattait. Comme un chat qui ne veut pas prendre son bain. C'est vrai que, même moi, j'avais peur que l'eau finisse par monter jusqu'à mes pieds. Il fallait que je me sauve, mais en même temps, que faire de ce zombi? Et comment savoir s'il était gentil?

– Ou méchant? ai-je ajouté.

– Emma et ses commentaires, a grogné Henri.

– Emma a encore raison, a protesté Lily.

– Chutttt! a soufflé Alphonse.

– Wouf! a aboyé Wifi, comme s'il attendait la suite de l'histoire lui aussi.

Maman a fait signe à mon père d'accélérer un peu. L'heure de coucher notre petit frère approchait.

– Donc, comment savoir? Eh bien, je me suis souvenu d'un livre sur les zombis qui expliquait que les plus intelligents, et sans doute les plus sympathiques, avaient peur des orages, alors que les idiots, eux, n'avaient peur de rien. Les trop bêtes s'imaginaient être les plus forts, ce qui était d'ailleurs leur plus grande faiblesse, puisqu'ils prenaient des risques inutiles. C'est ainsi que les soirs d'orage, les zombis irréfléchis se font foudroyer. Voilà ! Au lit !

– Tu n'as pas terminé !

– Papa, la suite !

– Tu l’as sauvé ou pas?

– Elle est nulle, ta fin, a conclu Henri un peu déçu.

– Wouf! Wouf!

Les réactions fusaient de toutes parts. Papa pensait pouvoir s’en tirer ainsi, mais nous voulions connaître le sort réservé au gentil zombi.

Maman a fini par céder et a fait signe à papa de continuer son histoire. Je pense qu’elle aussi désirait

entendre la fin de
cette aventure.

– Eh bien, voilà... J'ai regardé aux alentours pour trouver un objet qui me permettrait de l'aider. Comme il n'y avait pas de branches assez longues ni aucune bouée à portée de main, j'ai dû me résigner à lancer vers lui ma rampe de lancement. Le mort-vivant l'a attrapée et s'est appuyé dessus, ce qui lui permettait de flotter. Il m'a salué de la main en signe de remerciement et il a continué à s'éloigner. Il est parti en emportant une partie de notre machine à voyager dans le temps, et mon ami et moi, nous n'avons jamais réussi à la refaire. Maintenant, au lit.

– Ooooh…

– Aaaah…

– C'est même pas sûr que c'était un vrai zombi,

a commenté mon frère Henri, parce que des zombis qui envoient la main, j'y crois pas trop.

Puis, il a crié : Attention un zombiiii ! dans les oreilles de Lily. Cette dernière a hurlé si fort que j'ai dû me boucher les oreilles. Nous avons tous bien ri, sauf Lily, qui, furieuse, a menacé d'arracher le nez d'Henri.

C'était une soirée comme nous les aimions dans la famille Millette, ou plutôt chez les Zombinouille.

CHAPITRE 6

Une meute de zombis

Nous sommes tous allés nous coucher. J'ai lu quelques pages de mon livre avant d'éteindre la lumière. Le lendemain matin, je devrais finir de décorer le gâteau et mon père aurait probablement besoin d'aide pour les dernières installations. Ce serait une journée très occupée et je voulais me reposer.

Je n'étais pas encore tout à fait assoupie, lorsque j'ai entendu des pas. J'ai allumé ma lampe pour savoir qui entrait dans ma chambre.

– Emma, je peux me coucher dans ton lit, cette nuit?

J'ai un peu peur, m'a expliqué Alphonse, sa couverture dans une main, son extraterrestre en peluche dans l'autre.

J'aurais dû y penser, que cette histoire lui ferait faire des cauchemars.

– Viens, mais essaie de ne pas trop bouger, d'accord?

Mon petit frère venait me rejoindre lorsqu'il avait du mal à s'endormir. Il choisissait toujours ma chambre. Parce que c'était la plus près de la sienne. Mais surtout, j'avais l'impression que j'étais celle qui savait le mieux le réconforter.

– Dis, Emma, tu crois aux zombis, toi ?

– Ben non, voyons… Tu peux dormir tranquille.

– Et aux vampires ?

– Non plus.

– Aux monstres ? Aux sorciers ?

– Dors, Alphonse.
– Il y a des gens, à mon école, qui disent que notre maison est hantée.
– Si elle l'était, tu ne crois pas que nous le saurions déjà ?
– C'est peut-être un fantôme très, très gêné.
– Alors, c'est qu'il serait un très, très gentil fantôme, tu ne penses pas ?
– Peut-être, a répondu mon petit frère en bâillant.

***

Le lendemain matin,
en passant devant le salon
pour me rendre à la cuisine,
je me suis arrêtée pour vérifier
où en étaient les installations.
J'ai constaté que papa avait
déjà mis des rideaux noirs
aux fenêtres ainsi que
des toiles d'araignées
sur les murs. Il était en train de
visser au plafond un imposant
lustre de bois, peint par

ses soins en noir et or, et orné de chandelles artificielles.

Après avoir avalé mon petit déjeuner, j'ai terminé de coller les ornements sur le gâteau, puis j'ai rejoint mon père. Aidé d'Alphonse, il mettait la touche finale à un faux cimetière. L'atmosphère du salon était macabre à souhait.

Ma mère a déposé son gâteau – ou plutôt notre gâteau – sur la table.

Quel chef-d'œuvre ! Nous avons eu droit à des « Oh !!! » et des « Ahhh !!! » émerveillés.

L'après-midi, Lily, Henri ainsi que mamie Mimi, qui venait d'arriver déjà déguisée en zombi, son chapeau agrémenté d'une voilette verdâtre, m'ont aidée à découper des sandwichs en forme de crâne. Grâce à du colorant alimentaire, la salade de macaronis était rouge et celle de pommes de terre, bleu nuit. Après les avoir fait cuire, nous avons écaillé de petits œufs dont on a fait des yeux. L'iris était dessiné autour d'une demi-olive noire qui servait de pupille. On a fait des brochettes en les piquant sur une tige entre deux morceaux de betterave. C'était très réussi et vraiment dégoûtant.

– Hi ! Hi ! Hi !

Nous riions devant notre buffet si peu appétissant, mais qui serait délicieux.

Tous les six, nous sommes allés mettre nos costumes pendant que mamie Mimi étalait tous ses produits de maquillage sur le comptoir de la salle de bain. Nous avons enduit nos visages de blanc, avant de dessiner de gros cernes gris sous nos yeux et de tracer des cicatrices avec un crayon rouge. Mamie nous a crêpé les cheveux et les a saupoudrés de poudre à bébé pour qu'ils deviennent grisonnants.

Nous avions vraiment l'air d'une meute de zombis.

Papa a pris des photos de notre famille au milieu des tombes en carton du salon. C'est là qu'une idée m'est venue…

– Et si on tournait un film ? ai-je suggéré. Un VRAI film d'horreur dans un VRAI cimetière…

– Excellente idée ! a répondu mon père.

– Pourquoi ne pas aller dehors pour tourner des images avant qu'il fasse vraiment nuit ? ai-je proposé.

– Je prépare tout ce qu'il faut ! a-t-il lancé en ramassant son matériel.

– Génial ! a ajouté mamie. Amenons Wifi et Gédéon.

– Ouah ! les Zombinouille en folie, youpi ! Yé ! s'écriaient les autres tous en même temps.

Pour une fois, même Henri a été d'accord avec moi.

R.I.P.
R.I.P.

CHAPITRE 7

Un, deux, trois... action!

Niché au pied de la colline de Champ-Fleuri, le vieux cimetière était un lieu magnifique, planté de majestueux saules pleureurs. En ce soir de novembre, de larges bandes de brume s'accrochaient aux branches dénudées et faisaient planer une ambiance encore plus mystérieuse que d'habitude.

Je m'occupais de la direction des comédiens, pendant que papa tournait notre film avec une petite caméra. On la voyait à peine, car elle ne prenait pas plus de place dans sa main qu'une cuisse de poulet.

J'ai proposé à notre meute de zombis de tituber vers la porte en fer forgé du cimetière, comme si nous venions à peine de sortir de nos tombes et que nous nous préparions à envahir la ville.

– Un, deux, trois... action ! a crié papa.

Nous grognions, gémissions, avancions comme des robots désarticulés. Wifi, un gros os en caoutchouc lui pendant

au cou, poussait
des hurlements lugubres.
Toute la famille Zombinouille,
mamie Mimi en tête, était
terrifiante. Nous prenions
nos rôles très au sérieux
et rien n'aurait pu nous
déconcentrer.

Totalement pris par
nos personnages,
nous n'avons pas vu madame
Yolande, la pâtissière,
qui sortait tranquillement

de sa boutique. Sinon, on lui aurait dit tout de suite que ce n'était qu'une mise en scène…

***

Quelques minutes plus tard, les policiers et les pompiers sont arrivés devant le cimetière en faisant hurler leurs sirènes. Leurs phares étaient aveuglants. Nous nous sommes couvert les yeux d'une main, tout en gesticulant de l'autre pour leur faire comprendre qu'ils devaient éteindre les lumières. Mais plus nous leur faisions signe, plus ils avaient peur!

Un homme s'est mis à crier dans un mégaphone. J'ai reconnu la voix nasillarde de monsieur Bellefleur, le maire de Champ-Fleuri.

– Qui que vous soyez… restez où vous êtes! criait-il. N'avancez pas. Nous sommes des amis. Comprenez-vous notre langue ? Parlez français ?

Pendant ce temps-là, la sécurité publique faisait évacuer les maisons.

– Nous amis… vous bienvenus, ici. Vous comprendre ? demandait le maire.

Mon père a crié à son tour.

– Monsieur le Maire… c'est moi… Louis Millette… le vétérinaire. C'est ma famille.

– Louis Millette ? Et sa famille ?
Vous êtes prisonniers
des morts-vivants ? Venez vite
vous mettre en sécurité,
a répondu monsieur le maire.
À moins que… avez-vous été
transformés en zombis ?
– Emma ? a demandé
mon père. Il aurait peut-être
fallu prévenir la mairie
que nous venions tourner
dans le cimetière.

– Mais on a décidé ça à la dernière minute, papa. Allo, Monsieur le Maire, ça va ? ai-je lancé le plus joyeusement possible.

– Que se passe-il ? a demandé monsieur Bellefleur. Expliquez-vous, nom d'un blaireau !

– Nous tournons un film, a répondu mamie, en tenant la laisse de Gédéon, qui avait

envie de trotter un peu
sur l'herbe.

– Oui, un truc trop génial, a ajouté mon petit frère. C'est une idée d'Emma.

Madame Yolande s'est avancée vers nous pour tenter de nous identifier.

Maman l'a saluée de la main en souriant de toutes ses dents… peintes en noir, ce qui n'était pas très rassurant.

CHAPITRE 8

Zombis, extraterrestres, peu importe!

Blanche comme un…
zombi, la pâtissière s'est approchée de nous. Elle tremblait comme une feuille. Elle était encore terrifiée.

– Ca-ca-ca… the-the-the… Catherine, c'est vous ? a-t-elle demandé.

Pour la rassurer, maman l'a de nouveau saluée de la main.

– Mais oui, Madame Yolande, c'est moi, Catherine, a-t-elle lancé joyeusement. Nous tournons un petit film-souvenir de notre fête… le bal des zombis.

Le maire a rangé son portevoix. Il a fait signe

aux policiers et aux pompiers qu'ils pouvaient repartir.

– Tout va bien. Fausse alerte.

Puis, il nous a regardés sévèrement. Mon père a deviné qu'il était en colère et qu'il attendait des explications.

– Nous sommes vraiment désolés d'avoir causé cet incident, Monsieur Bellefleur.

– Vous avez mis le village sens dessus dessous, Monsieur

Millette, a dit le pauvre homme en s'épongeant le front avec son mouchoir. J'ai bel et bien cru que nous étions attaqués par des extraterrestres.

– Des zombis, a précisé Alphonse du haut de ses échasses.

– Zombis, extraterrestres, peu importe, a soufflé le maire.

Puis, il s'est laissé tomber sur un banc près de la porte

en fer forgé, pour se remettre de ses émotions. Des gens s'approchaient pour nous examiner de plus près. L'épicière, la pharmacienne, le médecin, et bien d'autres qu'on identifiait mal dans la pénombre.

– Tout est sous contrôle, leur a assuré le maire. Vous pouvez retourner chez vous.

– Au contraire ! s'est écriée mamie. Pourquoi ne

participeriez-vous pas tous à notre bal?

– Oh oui! Papa, tu es d'accord? ai-je demandé.

– Tout à fait! Pour nous faire pardonner, nous vous invitons à la maison … dans une heure! a lancé papa.

– Bonne idée, a ajouté maman. Il y a à manger pour tous, nous en faisons toujours trop.

R.I.

– On va faire la fête !
a crié Henri.
– Il y a un immense gâteau, ai-je précisé. Une pièce montée…
– Alors, s'il y a une pièce montée, je viens ! s'est écriée madame Yolande.
– Moi aussi ! Formidable ! On vous rejoint, répondaient les villageois, enthousiastes.

La pâtissière a proposé d'ouvrir sa garde-robe à ceux

qui désiraient d'anciennes robes, car elle en avait découvert quelques-unes dans son grenier. L'antiquaire a invité les villageois à passer à sa boutique, pour louer des accessoires.

– Monsieur le Maire, comment nous faire pardonner? a demandé maman doucement, une fois la petite foule dispersée. Nous ne voulions pas vous effrayer…

– Ne me faites plus jamais ça. Si vous saviez comme j'ai eu peur, a avoué le pauvre homme.

– Vous avez été très courageux, au contraire, l'a rassuré mamie. Venez à la fête, vous aussi. Ça vous changera les idées!

ÉPILOGUE

Une ombre étrange

Une heure plus tard,
les gens du village étaient
arrivés chez nous,
tous déguisés. Il était difficile
de savoir qui se cachait
derrière les costumes et

les maquillages hideux.
Nous avions eu le temps de transférer le film de la caméra de papa à l'ordinateur, et nous avons ainsi pu faire une projection.

Tout le monde a applaudi chaleureusement à la fin de la représentation. Le maire a reconnu que nos déguisements étaient très réussis et que c'était ce qui les avait bernés.

Ensuite, nous, membres de la famille Zombinouille, avons fait une démonstration de notre danse spéciale « bal des zombis » au son de chansons entraînantes agrémentées de hurlements de loup-garou et de ricanements de sorcière. Henri avait réellement réussi le *mix* musical de la soirée ! Quel succès ! Tout le monde a voulu l'apprendre. Il y avait maintenant plus de cinquante personnes gesticulant comme des morts-vivants dans le salon, qui heureusement était très vaste.

Par la suite, Henri a diverti tout le monde avec ses tours de magie. Il s'est présenté comme le grand Henridini, mais ses numéros nécessitaient encore quelques mises au point. Nous riions tous de bon cœur devant ses difficultés. Il ne sortait pas la bonne carte, son chapeau était vide, rien ne fonctionnait.

Le gâteau a été le clou de la soirée. Les gens l'ont photographié pour le partager avec leurs amis sur les réseaux sociaux.

Lorsque je me suis assise pour me reposer un peu, j'ai aperçu une ombre étrange près de la porte, en retrait, comme si elle voulait rester cachée. Je me suis approchée pour l'observer. Une inconnue se dandinait au rythme de la musique. Une jeune fille de mon âge que je ne reconnaissais pas sous son déguisement très réussi. Lorsqu'elle m'a vue, elle a eu si peur qu'elle a grimpé l'escalier aussi vite que l'éclair… En direction du grenier?

Qui était-elle???

***

Ce soir-là, je n'étais pas seule dans mon lit. Alphonse était blotti contre moi, car il avait encore fait un cauchemar, et Wifi, bien étendu à mes pieds, ronflait doucement. Je ne pouvais pas trouver le sommeil malgré la fatigue, car je revoyais le visage inquiet de la jeune fille que j'avais surprise, et je me demandais :

Est-il possible que j'aie vu une véritable zombie qui habiterait notre maison ? Ou plutôt, une zombinette ?

SYLVIE PAYETTE

Sylvie Payette aime raconter des histoires et, du plus loin qu'elle se souvienne, elle a toujours imaginé des récits fantastiques mettant en vedette les gens de son entourage ou bien les animaux qu'elle adore.

Après avoir eu beaucoup de succès à la télévision avec des séries comme *Chambres en Ville*, elle a commencé à écrire des romans s'adressant aux jeunes.

Petite, elle avait souvent peur la nuit. Elle s'imaginait que sa chambre était remplie de fantômes et de monstres. Un soir, alors qu'elle en avait assez, tilt! Elle a eu un éclair de génie: et si elle s'en faisait des amis?

Sylvie n'a pas honte d'avouer qu'elle a parfois un petit peu peur et c'est ce qu'elle a voulu partager avec vous dans *Le bal des zombis*.

Catalogage avant publication de
Bibliothèque et Archives nationales
du Québec et Bibliothèque
et Archives Canada

Payette, Sylvie

Le bal des zombis

(Série Zombinette)
Pour enfants de 7 ans et plus.

ISBN 978-2-89739-536-0
ISBN numérique 978-2-89739-537-7

I. Charrette, Géraldine. II. Titre.

PS8631.A943B34 2016 jC843'.6
C2016-941258-X
PS9631.A943B34 2016

Direction littéraire : Agnès Huguet
Direction artistique : Marie-Josée Legault
Conception graphique : Nancy Jacques
Révision et correction : Béatrice M. Richet

Service aux collectivités :
espacepedagogique
@dominiqueetcompagnie.com
Service aux lecteurs :
serviceclient@editionsheritage.com

Dépôt légal : 3e trimestre 2016
Bibliothèque et Archives
nationales du Québec
Bibliothèque et Archives Canada

Dominique et compagnie
1101, avenue Victoria
Saint-Lambert (Québec) J4R 1P8
Téléphone : 514 875-0327
Télécopieur : 450 672-5448
Courriel : dominiqueetcompagnie
@editionsheritage.com
www.dominiqueetcompagnie.com

Imprimé au Canada

Nous reconnaissons l'aide financière
du gouvernement du Canada
par l'entremise du Fonds du livre
du Canada.

Nous reconnaissons l'aide financière
du gouvernement du Québec par l'entremise
du Programme de crédit d'impôt – SODEC –
Programme d'aide à l'édition de livres.

Nous remercions le Conseil des arts
du Canada de l'aide accordée
à notre programme de publication.

Financé par le gouvernement du Canada | Canada